Recettes

d'un

Mas provençal

L'éditeur remercie particulièrement le musée « Souleiado » de Tarascon pour l'impression du tissu de couverture de ce livre.

Ce très beau tissu provençal se nomme « Fleur d'Arles » jaune, Fleur de l'Arlésie, racine de l'élégance et de la « flour » faite femme. Ces étoffes multiples et les didactes de la mode ont su se réunir pour mieux couronner et servir la beauté des Arlésiennes.

Deuxième édition

Philippe Galmiche
Lou Camp Dautibet
12400 Saint-Affrique
Tél : 05 65 49 15 14

ISBN : 2-912690-10-2

Imprimé en France par SEPEC, 01960 Péronnas
Dépôt légal mars 2004

Recettes
d'un
Mas provençal

Mas de la Ravetière

Noëlle Poirier-Ferrand

Illustrations : Christiane Galmiche

Fleurines

Mon premier plat, réalisé avec l'aide de ma grand-mère, je m'en souviens encore, c'était une quiche lorraine, une recette extraite du livre de cuisine offert par la municipalité pour mon entrée en 6 ème.

Depuis que j'ai entrepris, voici quelques années de rénover ce « vieux mas » et d'ouvrir des chambres d'hôtes, ce sont des plats provençaux simples et parfumés qui régalent mes invités.

Je souhaite vivement que ce petit livre vous fasse partager ma passion pour la cuisine, ma joie de recevoir, et surtout mon amour pour la cuisine provençale.

Quelques petits conseils pour bien cuisiner :

Tout d'abord, cultivez ou achetez des légumes et des fruits de qualité et de saison. Pas forcément les plus beaux, mais les meilleurs, mûris au soleil !

Repérez près de chez vous les petites exploitations qui vous proposent leurs fromages, leurs vins...

Il faut connaître (et c'est très important) un artisan boucher qui vous fera profiter de son savoir faire et qui vous proposera le meilleur morceau au meilleur moment.

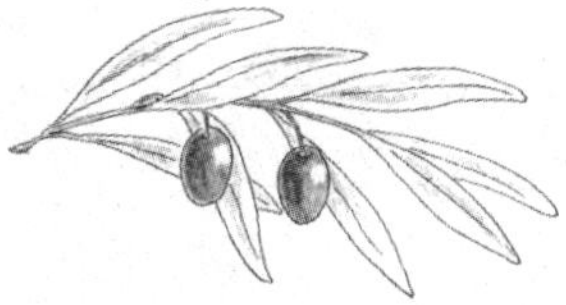

Cuisinez toujours avec de l'huile d'olive.

Cuisinez toujours avec beaucoup d'amour...

Beignets de courgettes

<u>Pour 6 personnes</u>

2 courgettes moyennes
5 cuillerées à soupe rases de farine
huile de friture
sel , poivre

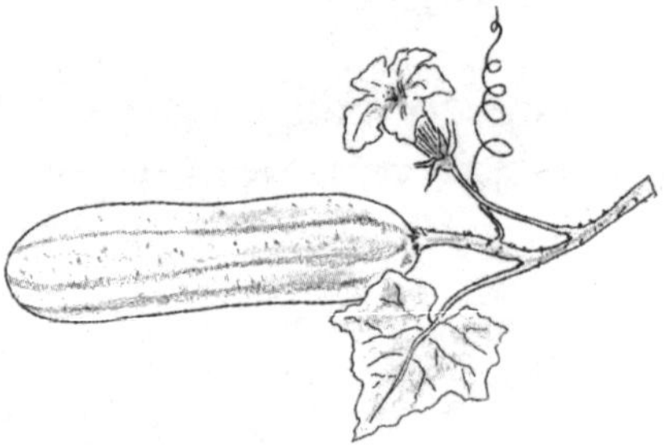

Faire une pâte épaisse avec 5 à 6 cuillerées d'eau très froide, la farine, le sel et le poivre.
Couper les courgettes en rondelles d'environ ½ cm d'épaisseur.
Tremper chaque morceau de courgette dans la pâte et mettre immédiatement dans la friture chaude. Lorsque le beignet est doré, le retourner et mettre à égoutter sur du papier absorbant.

Servir chaud avec un coulis de tomates.

Caviar de tomates séchées

250 g de tomates séchées
2 ou 3 gousses d'ail
1 cuillerée à soupe de câpres
1 cuillerée à café de thym
1 pincée de poivre de Cayenne
10 cl d'huile d'olive environ

Mixer tous les ingrédients et ajouter l'huile d'olive doucement (comme pour une mayonnaise).

Chaussons au chèvre

<ins>Pour 4 personnes</ins>

1 pâte feuilletée
100g de fromage de chèvre (type bûche)
2 cuillerées à soupe de crème fraîche épaisse
quelques brins de ciboulette
poivre

À l'aide d'un emporte pièce faire plusieurs disques dans la pâte feuilletée étalée (soit 4 gros ou 8 petits).
Mélanger en écrasant à la fourchette le fromage, la crème, le poivre et la ciboulette ciselée (pas de sel car le fromage de chèvre est en général déjà salé).
Déposer sur la moitié de chaque disque un peu de la préparation et replier ceux-ci en 2 pour leur donner la forme d'un chausson.
À l'aide d'un pinceau trempé dans du lait, coller les bords des chaussons et badigeonner le dessus pour les faire dorer.
Mettre à four préchauffé à 210° (th7) 20 minutes.

Servir chaud accompagné d'une salade verte à l'huile d'olive.

Flan de tomates cerises

Pour 6 personnes

40 tomates cerises environ
4 œufs
¼ de litre de lait
ciboulette
huile d'olive
sel, poivre

Répartir les tomates cerises dans 6 petits moules allant au four.
Ajouter une cuillerée à café d'huile d'olive dans chacun des moules.
Faire cuire à four moyen à 210° (th7) pendant 20 minutes.
Battre les œufs, le lait, le sel, le poivre et la ciboulette ciselée.
Verser le mélange sur les tomates précuites.
Remettre au four 15 à 20 minutes.

Servir tiède, démouler sur un lit de salade (mesclun).

Salade de courgettes

Pour 6 personnes

2 courgettes longues moyennes
3 tomates
½ oignon rouge doux
1 citron
1 petit bouquet de menthe
3 cuillerées à soupe d'huile d'olive
sel , poivre

Couper en tous petits dés les courgettes et les tomates.
Hacher l'oignon.
Ajouter le sel, le poivre, le jus de citron, l'huile d'olive et la menthe ciselée.
Mêler le tout et laisser mariner au moins 3 heures au réfrigérateur.

Servir très frais en entrée.

Salade de pâtes au salami

<u>Pour 6 personnes</u>

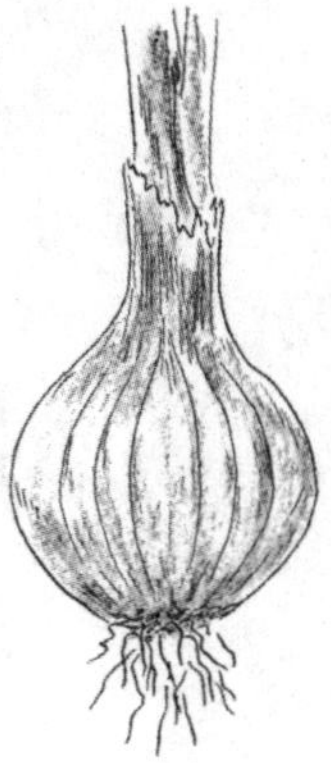

500 g de pâtes (gros macaronis)
12 tranches de salami
1 poivron rouge
1 oignon
2 tomates
20 cl de crème fraîche liquide
1 cuillerée à soupe de moutarde
sel, poivre

Dans une grande quantité d'eau salée, faire cuire les pâtes « al dente ».
Pendant ce temps, couper en tous petits dés le poivron, l'oignon, les tomates et les tranches de salami coupées en quatre.
Égoutter les pâtes, les mettre dans un saladier avec les ingrédients coupés.
Battre la moutarde, le sel, le poivre et la crème.
Verser la préparation sur les pâtes chaudes et servir tout de suite.

Tapenade verte

400 g d'olives vertes dénoyautées
2 filets d'anchois
50 g de thon au naturel
2 ou 3 gousses d'ail
½ cuillerée à café de câpres
1 cuillerée à café de thym
20 à 25 amandes
10 cl d'huile d'olive environ
1 pincée de poivre

Mixer tous les ingrédients sauf l'huile d'olive.

Lorsque tout est bien haché, ajouter l'huile doucement (comme pour une mayonnaise).

Tapenade noire

400 g d'olives noires dénoyautées
50 g de thon au naturel
2 ou 3 gousses d'ail
8 filets d'anchois
1 cuillerée à soupe de câpres
1 cuillerée à café de thym
10 cl d'huile d'olive environ
1 pincée de poivre

Mixer tous les ingrédients sauf l'huile d'olive.

Lorsque tout est bien haché, ajouter l'huile doucement (comme une mayonnaise), jusqu'à l'obtention d'une pâte épaisse à tartiner.

Soupe de potiron

Pour 6 personnes

1 kg de potiron
2 poireaux
2 pommes de terre
2 oignons
½ litre de bouillon (cube)
persil
½ litre de lait
sucre
2 vuillerées à soupe d'huile d'olive
sel, poivre

Faire revenir les oignons et les poireaux dans l'huile d'olive pendant quelques minutes.
Ajouter le potiron débité en gros dés.
Faire revenir à nouveau quelques minutes.
Incorporer une cuillerée à café de sucre, saler et poivrer.
Ajouter le bouillon et le lait chaud.
Dès que l'ébullition reprend, incorporer les pommes de terre et laisser cuire le tout une heure environ.

Mixer, servir dans une soupière et saupoudrer de persil haché.

Tarte à la ratatouille

<u>Pour 8 personnes</u>

1 pâte brisée
1 reste de ratatouille
2 œufs
6 filets d'anchois
sel, poivre

Étaler la pâte dans un moule et verser dessus la ratatouille en couche épaisse à laquelle vous aurez ajouté les œufs, le sel et le poivre.
Disposer les anchois.
Cuire environ 40 minutes à 210° (th7).

Servir chaud ou tiède avec une salade verte.

Tarte aux asperges

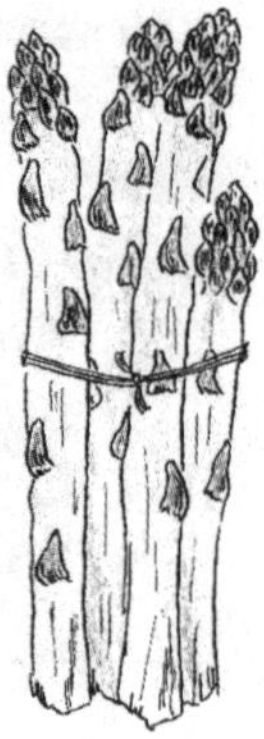

Pour 8 personnes

1 pâte feuilletée
500 g d'asperges vertes
1 belle tranche de saumon fumé
(ou 2 petites)
3 œufs
20 cl de crème liquide
ciboulette
sel , poivre

Faire cuire les asperges à la vapeur 6 à 8 minutes et les égoutter.
Étaler la pâte dans le moule, disposer les asperges en étoile et parsemer de saumon effiloché.
Battre les œufs, la crème, le sel, le poivre, la ciboulette ciselée et verser sur la tarte.
Cuire à 210° (th7) 45 minutes.
Servir tiède ou froid avec une salade verte.

Tarte aux courgettes et au fromage de chèvre

Pour 8 personnes

1 pâte brisée
2 courgettes moyennes
3 œufs
20 cl de crème fraîche
1 petit bouquet de menthe
200 g de fromage de chèvre (type bûche)
2 cuillerées à soupe d'huile d'olive
sel, poivre

Couper en lamelles les courgettes et les précuire doucement à la poêle avec l'huile d'olive environ 5 minutes.
Pendant ce temps, étaler la pâte et la mettre dans le moule.
Déposer, en les étalant bien, les courgettes sur la pâte.
Disposer à votre gré le fromage que vous aurez coupé en tranches.
Battre au fouet les œufs avec le sel, le poivre, la crème et la menthe ciselée.
Verser sur la préparation et cuire 40 minutes à 210° (th7).

Servir tiède ou froid avec une salade verte.

Tarte aux épinards

Pour 8 personnes

10 feuilles de brick
200 g d'épinards cuits
3 œufs
2 cuillerées à soupe de lardons
20 cl de crème fraîche
100 g de fromage râpé
ou en fines tranches de tome de chèvre
huile d'olive
sel, poivre

Badigeonner les feuilles de brick avec un peu d'huile d'olive et les superposer en les décollant dans le moule.
Étaler les épinards sur cette pâte.
Battre les œufs, la crème, le sel, le poivre. Verser sur les épinards.
Faire cuire les lardons et les égoutter.
Les ajouter et recouvrir de fromage.
Cuire 45 minutes.
Servir chaud avec une salade frisée à l'ail.

Tarte aux poireaux et saumon

Pour 8 personnes

1 pâte brisée
1 darne de saumon frais
3 beaux poireaux
3 œufs
20 cl de crème liquide
huile d'olive
sel, poivre

Laver et couper les poireaux en rondelles fines, les faire fondre doucement avec 2 cuillerées d'huile d'olive dans une sauteuse 10 minutes environ.
Faire cuire le saumon à la poêle.
Étaler la pâte, déposer les poireaux et émietter le saumon dessus.
Battre les œufs, la crème, le sel et le poivre puis recouvrir la tarte de ce mélange.
Cuire à 210° (th7) pendant 45 minutes.
Servir chaud ou tiède.

Tarte à la brandade

Pour 6 à 8 personnes

1 pâte feuilletée
environ 200g de brandade de morue
3 poivrons rouges grillés

Étaler la pâte dans un moule, la tartiner d'une couche de brandade épaisse de 1 cm environ.
Recouvrir de poivrons rouges grillés que l'on dispose en forme d'étoile.
Cuire au four à 210° (th7) environ 45 minutes.

Servir tiède ou froid accompagné d'une salade.

Tiédines de céleri rave au saumon

<u>Pour 6 personnes</u>

½ céleri rave
3 tranches de saumon fumé
3 œufs
1 pack 20 cl de crème fraîche
ciboulette
sel et poivre

Faire cuire à la vapeur le céleri coupé en morceaux 10 minutes environ. Égoutter.
Battre les œufs. Ajouter la crème, la ciboulette, le céleri, le sel et le poivre.
Mixer le tout.
Dans des moules individuels, étaler une demi-tranche de saumon fumé et couvrir de l'appareil.
Mettre au four 20 minutes à 150° (th5).

Démouler tiède et accompagner d'une salade verte.

Compote d'oignons

1 kg d'oignons
150 g de raisins secs
200 g de sucre roux
100 g de miel
50 cl de vin blanc sec
10 cl de vinaigre de framboise
huile d'olive

Faire fondre les oignons hachés dans une cocotte avec 2 cuillerées d'huile d'olive.
Ne pas faire prendre couleur, laisser mijoter doucement environ 10 minutes puis ajouter le sucre, le miel, les raisins, le vinaigre et enfin le vin blanc.
Cuire à petit feu 1 heure.

Se sert tiède ou froid sur des toasts à l'apéritif ou en accompagnement de fois gras.

Concassé de tomates

1 kg de tomates
2 ou 3 gousses d'ail
1 oignon
1 cuillerée à café de sucre
thym, romarin, laurier
huile d'olive
sel, poivre

Faire revenir l'oignon émincé dans 2 cuillerées à soupe d'huile d'olive.
Ajouter les tomates pelées, pressées et concassées puis l'ail écrasé, le sel, le poivre, les herbes et le sucre.
Laisser mijoter tout doucement environ 1 heure.

Le concassé doit être comme une compote un peu caramélisée.

Sauce aigre douce aux tomates vertes

1 kg de tomates vertes
1 oignon
700 g de sucre roux
1 cuillerée à café de gingembre
1 cuillerée à café de cannelle
1 cuillerée à café de 4 épices
10 cl de vinaigre balsamique

Laver, sécher et couper en petits morceaux les tomates et les mettre dans une bassine à confiture.
Hacher l'oignon et ajouter tous les ingrédients.
Faire cuire en remuant souvent environ 30 minutes, jusqu'à consistance d'une confiture.
Mettre en pot à chaud.
Se sert avec une grillade ou une viande blanche.

On peut faire de même avec des figues mûres ou des abricots.

Blettes aux anchois

Pour 6 personnes

1 kg de blettes
3 jaunes d'œufs
6 filets d'anchois
1 oignon
1 cuillerée à soupe de farine
10 cl de crème fraîche
1 cuillerée à soupe de vinaigre
3 cuillerées à soupe d'huile d'olive
sel , poivre

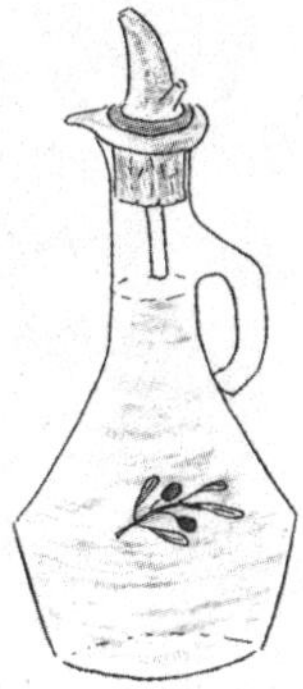

Dans une grande quantité d'eau bouillante salée à laquelle vous aurez ajouté la farine et 1 cuillerée d'huile délayées ensemble, plonger les blettes triées et lavées. Après 10 minutes, les égoutter et les presser.
Dans une cocotte mettre les 2 cuillerées d'huile restante, l'oignon émincé et les filets d'anchois en remuant pour les faire fondre, ensuite ajouter les blettes et baisser le feu, saler, poivrer.
Dans un bol, battre ensemble les jaunes d'œufs, la crème et le vinaigre.
Verser sur les blettes en remuant pendant 5 minutes.

Servir bien chaud en accompagnement d'un rôti par exemple.

Sauce aïoli

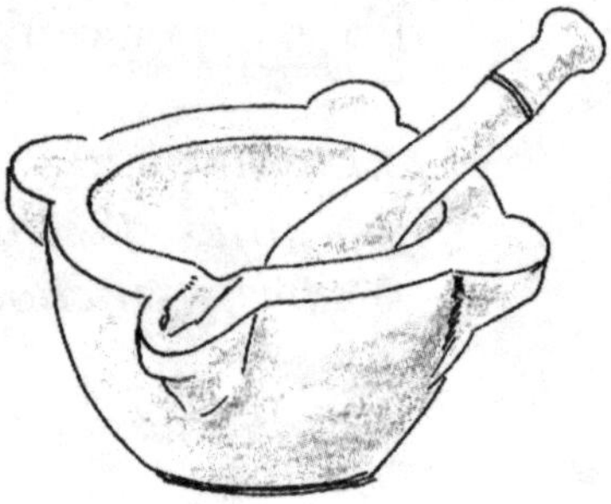

2 jaunes d'œufs
8 gousses d'ail
1 litre d'huile d'olive
sel, poivre

Piler l'ail, ajouter les jaunes d'œufs, le sel, le poivre et verser doucement l'huile d'olive en montant au fouet comme une mayonnaise jusqu'à une émulsion ferme.

Conserver au frais.

Aïoli

Pour 8 personnes

1 kg de morue dessalée
48 escargots cuits (ou bulots éventuellement)
16 pommes de terre
12 carottes
1 gros chou ou 12 petits artichauts ou 1,5 kg de haricots verts (légumes verts de saison)
8 œufs

Cuire tous les légumes séparément à la vapeur. Pocher la morue 4 à 5 minutes dans un court bouillon aromatisé d'un bouquet garni et d'un oignon.
Faire durcir les œufs.
Servir immédiatement avec les escargots réchauffés.

Chaque convive compose son assiette en y ajoutant bien sûr la sauce aïoli.

Charlotte d'aubergines

Pour 6 personnes

2 aubergines
200 g d'épinards cuits
2 gousses d'ail
huile d'olive
sel, poivre

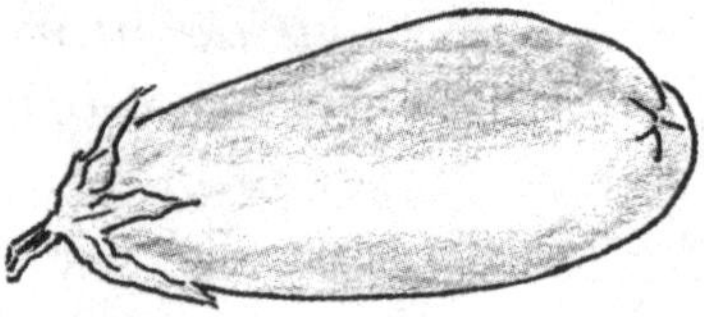

Trancher les aubergines dans le sens de la longueur, les saler des 2 côtés et les laisser dégorger 10 minutes.
Les faire frire dans un bain d'huile d'olive et les égoutter sur du papier absorbant.
Chemiser 6 petits moules ou ramequins allant au four avec les tranches d'aubergines, verser au centre les épinards cuits auxquels vous aurez ajouté du sel, du poivre et l'ail écrasé.
Replier les aubergines sur le tout et tasser bien.
Chauffer environ 10 minutes à 210° (th7) et démouler sur une concassée de tomates.

Servir en accompagnement d'une viande d'agneau par exemple.

Flan de courgettes

Pour 8 personnes

3 ou 4 courgettes moyennes
3 œufs
2 ou 3 gousses d'ail
1 petit bouquet frais de menthe
20 cl de crème fraîche liquide
sel, poivre

Couper après les avoir lavées les courgettes, sans les peler, en gros cubes et les faire cuire à la vapeur (8 minutes dans un autocuiseur).
Mélanger les œufs entiers avec la crème fraîche, le sel, le poivre, la menthe ciselée, l'ail écrasé.
Égoutter les courgettes et les écraser grossièrement à la fourchette en conservant quelques morceaux intacts.
Battre le tout et mettre dans un moule à cake huilé (huile d'olive).
Mettre à cuire 45 minutes au four à 210° (th7).

Servir tiède ou froid avec un concassé de tomates.

Ratatouille du Mas

<u>Pour 6 personnes</u>

3 aubergines
4 courgettes moyennes
5 ou 6 tomates moyennes
2 poivrons rouges
3 gousses d'ail
1 oignon
1 bouquet garni
(thym, romarin, laurier)
huile d'olive
sel, poivre

Dans une cocotte en fonte, faire fondre l'oignon haché dans un peu d'huile d'olive.

Ajouter les tomates pelées et coupées en gros morceaux, laisser mijoter doucement.

Laver puis sécher les poivrons, les émincer finement et les rajouter à la cuisson.

Dans un autre récipient, faire revenir à feu vif les courgettes lavées et séchées mais non épluchées, les couper en gros dés et ajouter une cuillerée d'huile d'olive.

Baisser ensuite le feu et laisser cuire 10 minutes. Les ajouter au mélange.

Ensuite, faire revenir les aubergines épluchées et coupées en gros dés, baisser le feu, laisser cuire environ 10 minutes. Les ajouter au mélange.

Saler, poivrer, ajouter les gousses d'ail écrasées et le bouquet garni. Couvrir et laisser cuire 30 minutes.

Le tian d'été

Pour 6 à 8 personnes

3 courgettes moyennes
3 ou 4 tomates (selon grosseur)
3 ou 4 pommes de terre
1 oignon
ail, persil, chapelure
huile d'olive
sel, poivre

Au fond d'un plat à four, mettre 2 cuillerées à soupe d'huile d'olive et l'oignon haché.
Alterner dans l'ordre courgettes, pommes de terre et tomates coupées en fines tranches (2 fois).
Entre chaque couche, saupoudrer les légumes d'un mélange ail pilé, persil haché, chapelure, sel et poivre.
Terminer par le mélange.
Couvrir d'un papier aluminium que l'on retire 10 minutes avant la fin de cuisson.

Mettre au four 1 heure 30 à 2 heures à 180° (th6).

Tian d'aubergines

Pour 6 personnes

4 aubergines
1 kg de tomates
3 ou 4 gousses d'ail
2 oignons
chapelure
1 gros bouquet de persil
1 cuillerée à café de sucre
huile d'olive
sel, poivre

Laver et sécher les aubergines et les trancher dans le sens de l'épaisseur (comme des rondelles de pommes de terre).
Les mettre dans une passoire et les saupoudrer de sel afin qu'elles dégorgent.
Pendant ce temps, préparer un concassé de tomates :
Faire fondre 1 oignon haché dans un peu d'huile d'olive, ajouter les tomates pelées et coupées en morceaux.
Saler, poivrer, rajouter le sucre en poudre.
Laisser mijoter doucement environ 30 minutes.

Reprendre les aubergines, les sécher et les faire frire à l'huile d'olive. Les mettre à égoutter au fur et à mesure.

Hacher ensemble l'oignon restant avec l'ail et le persil.
Dans un plat à four, alterner une couche d'aubergines puis le concassé de tomates, le hachis, le sel et le poivre ainsi que la chapelure.
Recommencer jusqu'à épaississement des ingrédients.
Terminer par le hachis et la chapelure.

Mettre à four moyen 180° (th6) pendant 50 minutes.

Bourride de lotte

Pour 6 personnes

6 tranches épaisses de lotte (ou autre poisson à chair serrée)
6 jaunes d'œufs
¼ de litre de sauce aïoli (recette page 26)
1 oignon
1 bouquet garni
sel, poivre

Faire un court bouillon avec 1 litre d'eau, sel, poivre, oignon et bouquet garni.
Pocher le poisson 6 à 7 minutes dans ce court bouillon.
Pendant ce temps, ajouter à l'aïoli les 6 jaunes d'œufs et, progressivement, sans cesser de remuer, ¼ du court bouillon chaud et filtré.
Mettre sur feu doux sans laisser bouillir et en remuant toujours.
Dès que le mélange devient onctueux, verser sur les tranches de lottes égouttées.

Servir avec des pommes vapeur ou du riz.

Brandade de morue

Pour 6 personnes

1 kg de morue dessalée
2 ou 3 gousses d'ail
¼ de litre de lait
pain de la veille
pommes de terre
¼ de litre d'huile d'olive
sel, poivre

Pocher la morue dans un court bouillon, égoutter et effeuiller (enlever les arêtes et la peau).
Mettre sur feu doux dans une casserole avec l'ail pilé, le sel et le poivre.
Ajouter doucement et en alternant le lait et l'huile déjà tiédis, continuer à remuer pour faire monter le mélange.
Lorsque celui-ci est bien homogène, dresser le plat, entourer la brandade de pommes de terre vapeur et de tranches de pain grillées.
Servir sans attendre.

Calamars en sauce

Pour 4 personnes

1 kg de calamars
(ou encornets ou blancs de sèche)
1 petite boîte de concentré de tomates
1 oignon
2 gousses d'ail
1 pincée de cayenne
1 cuillerée à soupe de farine
50 g de beurre
½ litre de vin blanc
huile d'olive
sel, poivre

Dans une sauteuse, mettre 2 cuillerées à soupe d'huile d'olive, y faire fondre l'oignon haché.
Ajouter les calamars coupés en gros dés, faire revenir quelques instants.
Verser le vin blanc puis le concentré de tomates, le sel, le poivre, le cayenne et l'ail.
Faire mijoter environ 20 à 30 minutes (ensuite les calamars durcissent).
Juste avant de servir, ajouter le beurre manié (beurre mou et farine mélangés).
Remuer et dès que le mélange a épaissi, servir sans attendre.

Accompagner de riz ou de pommes de terre vapeur.

Filets de rougets poêlés

3 ou 4 filets de rougets par personne
3 gousses d'ail
1 bouquet de menthe fraîche
un peu de farine
1 verre de vinaigre
huile d'olive
sel, poivre

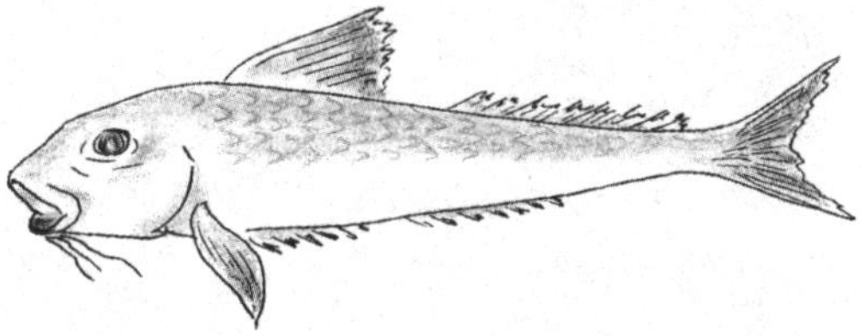

Fariner les filets et les mettre à dorer dans une poêle avec une cuillerée d'huile d'olive, 3 minutes d'un côté et 2 minutes de l'autre. Saler, poivrer. Réserver sur un plat.
Déglacer la poêle avec le vinaigre.
Faire bouillir avec l'ail pilé et la menthe ciselée. Verser sur les poissons.

Servir tiède ou froid.

Papillotes de poisson

Pour 6 personnes

6 filets de sole ou saint pierre
2 tomates
½ courgette
1 oignon doux
1 citron
6 cuillerées à café d'huile d'olive
sel, poivre

Couper 6 feuilles de papier d'aluminium d'environ 20/30 cm.
Déposer sur chacune un filet de poisson puis quelques fines tranches de courgettes, de tomates et d'oignon, une rondelle de citron, une cuillerée à café d'huile d'olive, un peu de sel et de poivre.
Refermer les papillotes et mettre à cuire à four moyen 210° (th7) 20 minutes.

Servir avec du riz ou des céréales.

Briques de poulet

<u>Pour 5 personnes</u>

10 feuilles de brick
3 escalopes de poulet
200 g de blettes ou d'épinards cuits et égouttés
1 œuf
1 oignon
2 gousses d'ail
thym
50 g d'amandes
sel, poivre

Faire cuire les escalopes à la poêle et les mixer avec tous les ingrédients.
Sur chaque feuille répartir la préparation et les plier pour obtenir un rectangle (brique).

Faire frire des 2 côtés, égoutter et servir avec une purée de pommes de terre maison.

Coq au vin

Pour 6 personnes

1 coq coupé en morceaux
200 g de champignons frais
1 oignon
200 g de lardons
1 bouquet garni
½ litre de vin blanc du pays d'Arles
sel, poivre

Faire revenir l'oignon émincé, les lardons, ajouter les morceaux de coq.
Lorsque tout est bien doré, verser le vin blanc, saler, poivrer et laisser mijoter 1 heure 30 environ.
Contrôler la cuisson en fonction de l'âge du coq.
Émincer les champignons, les rajouter et laisser cuire 10 minutes.

Servir avec des pâtes ou du riz.

Daube de toro

Pour 6 personnes

1,5 kg de viande de toro coupée en morceaux (galinette, paleron)
3 tomates
2 ou 3 gousses d'ail
1 oignon
200 g de lardons
thym, laurier, romarin
sel, poivre

Dans une cocotte en fonte, mettre à cuire doucement tous les ingrédients.

Ce plat doit mijoter longtemps (5 ou 6 heures) et tout doucement car on ne met pas d'eau, seules les tomates et la viande fabriquent le jus.

Servir avec du riz sauvage de Camargue.

Gigot au citron et aux herbes

Pour 8 personnes

1 gigot
2 citrons
ail, thym
huile d'olive
sel, poivre

La veille, piquer le gigot d'ail et de petits morceaux de citrons.
À l'aide d'un pinceau, badigeonner d'huile, saler, poivrer et saupoudrer généreusement de thym.
Le jour même le mettre dans un plat à four.
Ajouter 10 cl d'eau et mettre au four.
Préchauffer au maximum 10 minutes.

Diminuer à 210° (th7), 20 minutes par kilo.

Pieds et paquets

Faire préparer les paquets par votre boucher.
Compter environ 4 paquets pour 1 pied.

<u>Pour 6 personnes</u>

12 à 15 paquets
4 pieds de mouton
1 carotte
3 tomates
3 gousses d'ail
1 oignon
1 blanc de poireau
1 bouquet de persil
½ litre de vin blanc
3 cuillerées à soupe d'huile d'olive
sel, poivre

Dans une cocotte en fonte, faire un fond avec l'huile, l'oignon haché, la carotte et le poireau coupé fin.
Faire revenir quelques instants, ajouter les pieds et les paquets puis le vin blanc, le sel, le poivre, l'ail pilé, les tomates épluchées et concassées et un grand verre d'eau. Laisser mijoter doucement à couvert au moins 6 heures.
À faire la veille réchauffé, c'est encore meilleur !

Verser dans le plat de service, saupoudrer de persil haché, puis servir avec des pommes vapeurs.

Sauté de veau aux olives

Pour 6 personnes

1,5 kg de veau coupé en morceaux
250 g d'olives vertes dénoyautées
¼ de litre de bouillon
2 ou 3 tomates
1 oignon
1 bouquet garni
huile d'olive
poivre

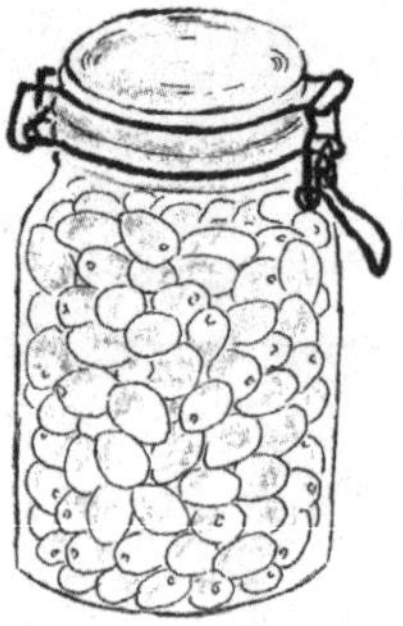

Faire revenir le veau dans un peu d'huile d'olive avec l'oignon émincé.
Ajouter les tomates pelées et concassées ainsi que le bouillon, le bouquet garni.
Poivrer.

Après 30 minutes de cuisson, incorporer les olives et laisser mijoter encore 30 minutes.

Les desserts du Mas

Crème rapide

Pour 4 personnes

½ litre de lait
3 œufs
100 g de sucre en poudre
1 sachet de sucre vanillé
(ou autre parfum au choix)
1 cuillerée à café de maïzena

Dans un saladier allant au micro ondes, battre les œufs, le sucre, le sucre vanillé, la maïzena et le lait. Mettre au micro ondes 2 minutes puissance maximum. Battre énergiquement. Remettre 2 minutes.
Battre à nouveau un peu plus longuement et répartir dans 4 ramequins.

Servir froid.

Flan aux œufs

Pour 8 personnes

1 litre de lait
8 œufs
150 g de sucre en poudre
15 morceaux de sucre
2 cuillerées à soupe de fleur d'oranger

Faire un caramel avec le sucre en morceaux.
Faire bouillir le lait avec le sucre en poudre et la fleur d'oranger.
Battre les œufs en omelette.
Les ajouter au lait bouillant tout en continuant à battre.
Verser sur le caramel.
Cuire à four doux à 140° (th 4/5) 1 heure.

Si vous n'avez pas de four à chaleur tournante, déposer dans la lèche-frite contenant de l'eau (bain-marie).

Fougasse

Pâte à pain

200 g de farine blanche
200 g de farine complète
1 sachet de levure de boulanger
1 cuillerée à soupe d'huile d'olive
1 pincée de sel

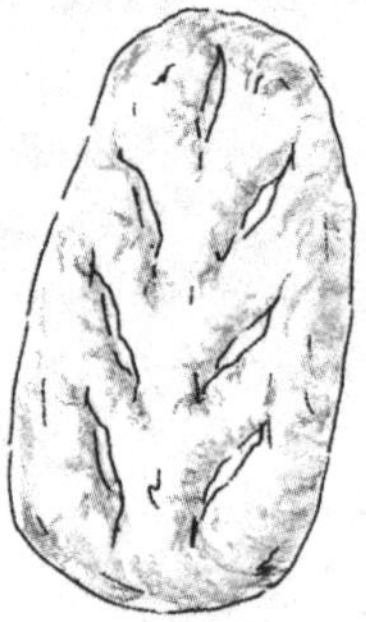

Au choix fougasse sucrée ou salée

2 cuillerées à soupe de sucre
et 2 cuillerées à soupe de fleur d'oranger
ou 1 poignée d'olives noires
ou vertes dénoyautées
ou quelques anchois

Faire fondre la levure dans 10 cl d'eau tiède et mélanger avec le reste des ingrédients (sauf olives et anchois que l'on ajoute au moment d'étaler la pâte). Ajouter environ un verre d'eau pour former une boule et laisser reposer 1h30 à 2h (la boule doit doubler de volume).

À la fin de ce temps, étaler la pâte et faire quelques incisions. Mettre à four chaud à 220° (th8) environ 30 minutes en surveillant.

Fraises au basilic

Pour 6 personnes

1 kg de fraises
100 g de sucre en poudre
1 citron
1 sachet de sucre vanille ou vanille en poudre
1 petit bouquet de basilic

Laver, sécher et équeuter les fraises. Couper les plus grosses.

Les arroser avec le jus de citron pressé.

Saupoudrer de sucre et de vanille.

Ciseler le basilic, mélanger délicatement et mettre au frais jusqu'à dégustation.

Gratin rhubarbe et framboises

Pour 6 personnes

1 kg de rhubarbe
250 g de framboises
100 g de farine
100 g de sucre roux
100 g de beurre

Éplucher et couper la rhubarbe en gros cubes.
La disposer dans un plat à gratin.
Ajouter les framboises.
Mixer ensemble la farine, le sucre et le beurre peu de temps, le mélange doit avoir une consistance sablée.
Verser sur la préparation et faire cuire à four moyen 20 à 30 minutes à 180° (th6).

Servir tiède.

Mousse au chocolat à la mandarine

<u>Pour 6 personnes</u>

200g de chocolat noir (70%)
4 mandarines
2 cuillerées à soupe de café fort
4 œufs
2 cuillerées à soupe de sucre

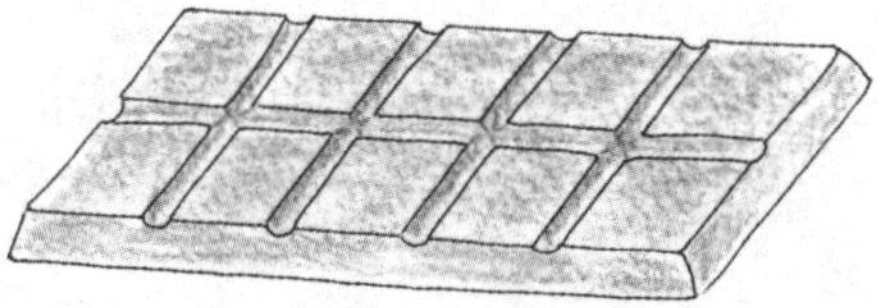

Faire fondre doucement le chocolat avec le café. Hors du feu, ajouter un à un les jaunes d'œufs tout en remuant.
Monter les blancs en neige et les incorporer délicatement au mélange. Mettre au frais.
Éplucher et écorcher les mandarines, les mettre dans un saladier et les saupoudrer de sucre.
Servir très frais accompagnées de la mousse.

Préparer à l'avance pour que la mousse soit bien ferme et que les mandarines fabriquent leur sirop.

Orangettes

Acheter quelques oranges confites de très bonne qualité et une tablette de chocolat noir (au moins 70% de cacao).

Faire fondre le chocolat avec une cuillerée à soupe d'eau.
Dès qu'il est fondu et onctueux, tremper chaque orangette dedans en la retenant (avec un pic à fondue par exemple) et la poser délicatement sur un papier sulfurisé pour que le chocolat durcisse.

Conserver ces friandises au réfrigérateur.

Pêches à la verveine

<u>Pour 6 personnes</u>

6 pêches
200 g de sucre
¾ de litre d'eau
1 bouquet de verveine fraîche (avec quelques feuilles pour la présentation)

Faire bouillir ¾ de litre d'eau avec le sucre et la verveine.
Pendant ce temps, éplucher les pêches, les pocher 10 secondes dès la reprise de l'ébullition.
Égoutter les pêches et les mettre dans un saladier.
Laisser réduire le sirop à moitié et le filtrer sur les fruits.

Mettre une feuille de verveine fraîche sur chaque pêche et servir très frais.

Petits flans au yaourt

Pour 8 personnes

4 yaourts natures (type bulgare)
3 œufs
100 g de sucre en poudre
2 cuillerées à soupe de sirop d'orgeat
quelques amandes effilées

Mélanger tous les ingrédients au fouet en commençant dans l'ordre ci-dessus.
Mettre dans des ramequins à four doux à 140° (th5) 20 minutes environ.

Servir très frais, parsemé le dessus d'amandes effilées que vous aurez grillées à la poêle sèche.

Poires au vin et épices

Pour 6 personnes

6 poires
½ litre de bon vin rouge
150 g de sucre
½ cuillerée à café de cannelle
½ cuillerée à café de gingembre en poudre
2 clous de girofle
1 zeste de citron

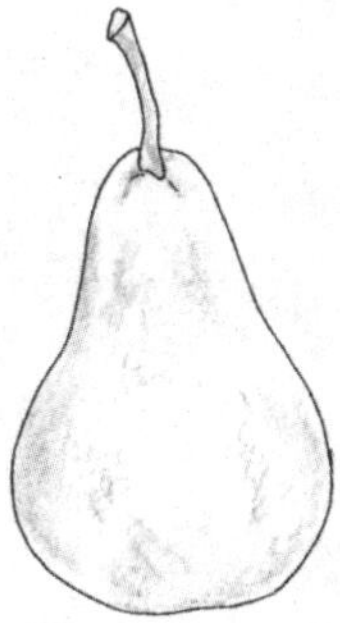

Porter à ébullition le vin, le sucre, les épices et le zeste de citron.

Pocher les poires 10 minutes et les déposer dans le plat de service.

Laisser réduire le sirop de la moitié et le verser en le filtrant sur les poires.

Servir très frais.

Ramequins moelleux au chocolat

<u>Pour 6 ramequins</u>

150 g de chocolat noir (70 %)
50 g de noisettes concassées
3 œufs
150 g de sucre
150 g de beurre

Faire fondre le chocolat avec le beurre 2 minutes au micro-ondes chaleur douce, lisser.
Battre les jaunes d'œufs avec le sucre jusqu'à ce que le mélange blanchisse et verser sur le chocolat, ajouter les noisettes.
Monter les blancs en neige ferme et incorporer délicatement au reste de la préparation.
Verser dans les ramequins et mettre au four à 160° (th5), 15 minutes.

Servir tiède sans démouler.

Tarte au raisin

Pour 6 à 8 personnes

pâte brisée
raisin
60g de sucre
60g d'amandes pilées
1 œuf
60g de beurre

Dérouler la pâte. Faire ramollir le beurre. Y ajouter le sucre, les amandes et l'œuf.
Étaler le mélange sur la pâte. Disposer le raisin sur la crème d'amandes.
Mettre au four 45 minutes à 200° (th7).

Tarte meringuée à la brousse

Pour 6 à 8 personnes

1 pâte sablée
200 g de brousse fraîche
100 g de sucre en poudre + 50 g
3 œufs
1 citron

Battre la brousse avec les 3 jaunes d'œufs, le sucre, le zeste râpé du citron et son jus.
Verser sur la pâte et mettre à cuire 45 minutes au four à 210° (th7).
Juste avant la fin de la cuisson, battre les 3 blancs d'œufs en neige avec les 50 g de sucre restant.
Lorsque la tarte est cuite, étaler cette meringue dessus et remettre sous le grill du four environ 5 minutes en surveillant la coloration.
Servir tiède ou froid.

Tatin pêches et lavande

Pour 6 à 8 personnes

pâte brisée
4 ou 5 pêches
quelques graines de lavande
15 morceaux de sucre

Faire un caramel dans un moule à tarte.
Y déposer les ½ pêches (creux vers le haut).
Recouvrir de la pâte brisée.
Mettre au four environ 30 minutes à 180° (th6).

Là démouler tiède et parsemer de graines de lavande.

Tarte rhubarbe et caramel

1 pâte à tarte brisée
5 ou 6 tiges de rhubarbe
15 morceaux de sucre
10g de sucre en poudre
1 cuillerée à café de maïzena
10cl de lait

Éplucher et couper la rhubarbe, la faire fondre 10 minutes dans une casserole avec 1e sucre en poudre et une cuillerée à soupe d'eau.
Faire un caramel avec le sucre en morceaux.
Dans un bol, diluer la maïzena et le lait.
Lorsque le caramel est prêt, ajouter ce mélange sans cesser de remuer.
Verser sur la pâte à tarte et couvrir avec la rhubarbe.

Mettre au four 30 minutes à 210° (th7).

Truffes au chocolat

Pour 10 truffes moyennes

125 g de chocolat noir
1 jaune d'œuf
1 cuillerée à soupe de sucre glace
1 cuillerée à soupe de café fort
1 cuillerée à soupe de cacao amer
75 g de beurre

Faire fondre le chocolat avec 3 cuillerées à soupe d'eau, ajouter le beurre en noisette et le café tout en remuant.
Incorporer au mélange homogène le jaune d'œuf et le sucre glace.
Mettre au réfrigérateur 1 ou 2 heures.

Faire des boules dans les mains et les tremper dans le cacao amer. Garder au frais.

Table des recettes

Entrées

Sauces

Plats de résistance

Desserts

Moulin d'Alphonse Daudet
à Fontvieille